BEI GRIN MACHT SICH IHR WISSEN BEZAHLT

AF141178

- Wir veröffentlichen Ihre Hausarbeit, Bachelor- und Masterarbeit

- Ihr eigenes eBook und Buch - weltweit in allen wichtigen Shops

- Verdienen Sie an jedem Verkauf

Jetzt bei www.GRIN.com hochladen und kostenlos publizieren

Recht der Gendergleichstellung und Genderkompetenz. Frauenquote, Notwendigkeit der Geschlechtergleichheit im Arbeitsverhältnis und geschlechtsspezifische Sozialisationsprozesse

GRIN

Bibliografische Information der Deutschen Nationalbibliothek:

Die Deutsche Nationalbibliothek verzeichnet diese Publikation in der Deutschen Nationalbibliografie; detaillierte bibliografische Daten sind im Internet über http://dnb.d-nb.de abrufbar.

ISBN: 9783346797773
Dieses Buch ist auch als E-Book erhältlich.

Druck und Bindung: Books on Demand GmbH, Norderstedt Germany
Gedruckt auf säurefreiem Papier aus verantwortungsvollen Quellen

Das vorliegende Werk wurde sorgfältig erarbeitet. Dennoch übernehmen Autoren und Verlag für die Richtigkeit von Angaben, Hinweisen, Links und Ratschlägen sowie eventuelle Druckfehler keine Haftung.

Das Buch bei GRIN: https://www.grin.com/document/1318975

Inhaltsverzeichnis

Bearbeitung der Aufgabenstellung

A.   Aufgabe 1

I.   Einleitung

„Ich bin eine Quotenfrau"[1] tönte der provokante Titel auf dem Cover einer Ausgabe des Nachrichtenmagazins *stern*, die Ende November 2020 erschienen ist. Damit griff das Magazin die aktuelle Diskussion um die Einführung einer gesetzlichen Frauenquote auf.

40 erfolgreiche Frauen aus den Bereichen Wirtschaft, Wissenschaft, Politik, Medien und Kultur - darunter EU-Kommissionspräsidentin Ursula von der Leyen und Schauspielerin Maria Furtwängler - machen sich darin gemeinsam stark, um mit den Vorurteilen um den Begriff „Quotenfrau" aufzuräumen.[2] Auch wenn viele von ihnen gar keine Quotenfrauen im eigentlichen Sinne sind, wollen sie sich solidarisieren und künftigen Quotenfrauen den Rücken stärken.[3] Denn Frauen in Spitzenpositionen sind in Deutschland immer noch eine Seltenheit.[4]

Deshalb trat im Mai 2015 das Gesetz für die gleichberechtigte Teilhabe von Frauen und Männern in Führungspositionen in der Privatwirtschaft und im öffentlichen Dienst (FüPoG I) in Kraft,[5] dessen Ziel es war, den Frauenanteil in den Aufsichtsräten deutscher Unternehmen signifikant zu erhöhen.

Und die verbindlichen Quoten zeigten Wirkung.[6] Sie führten zu einer deutlichen Steigerung des Frauenanteils in den Aufsichtsräten.[7] Bereits 2017 waren die angestrebten 30 Prozent übertroffen, im November 2020 lag der Frauenanteil schon bei 35,2 Prozent.[8]

---

[1]*Stawski/Stendel/Bömelburg, stern online, v. 25.11.2020.*
[2]*Ebd.*
[3]*Ebd.*
[4]*Ebd.*
[5]*Kirsch*/Wrohlich, DIW 4/2020, 50 (50).
[6]*Bundesregierung, PM v. 06.01.2021.*
[7]*Ebd.*
[8]*Ebd.*

Ernüchternder dagegen ist die Entwicklung in den Vorständen, denn für diese galt bisher keine Mindestbeteiligung.[9] Dort beträgt der Frauenanteil in den vom Gesetz betroffenen Unternehmen lediglich 7,6 Prozent.[10] Obwohl das Gesetz zu einer Verbesserung der Gleichberechtigung in den Aufsichtsräten geführt hat, hält man sich bei der Vergabe von Vorstandspositionen immer noch an traditionelle Muster.[11] So zeigt ein Blick auf die selbstgesetzten Ziele dieser Unternehmen, dass Freiwilligkeit hier nicht zum Ziel führen kann.[12] Rund 70 Prozent hatten sich die Zielgröße „Null" für Frauenquoten in den Vorständen gesetzt.[13]

Fast sechs Jahre nach Inkrafttreten des FüPoG I hat das Bundeskabinett deshalb am 06.01.2021 eine Reform des Gesetzes für mehr Frauen in Führungspositionen auf den Weg gebracht (FüPoG II).[14] Der Gesetzentwurf soll die Lücken seines Vorgängers schließen und dessen Wirksamkeit verbessern.[15] Ziel ist es, dass in den Vorständen börsennotierter und paritätisch mitbestimmter Unternehmen mit mehr als drei Mitgliedern mindestens eine Frau vertreten ist.[16]

Nachfolgend soll nach einem kurzen Einblick in die rechtshistorische Entwicklung der Geschlechtergleichheit im Arbeitsverhältnis auf das Erfordernis einer gesetzlich festgeschriebenen Frauenquote eingegangen werden. Anschließend soll die Verfassungsmäßigkeit aktiver Frauenförderung am Beispiel der Frauenquote problematisiert werden. Den Abschluss bildet eine Auseinandersetzung mit der Frage, ob sich in diesem Zusammenhang Probleme angesichts der dritten Geschlechtsoption ergeben.

---

[9]*Ebd.*
[10]*BMJV*, PM v. 18.11.2020.
[11]*Kirsch/Wrohlich*, DIW 4/2020, 50 (51).
[12]*BMJV*, PM v. 18.11.2020.
[13]*Ebd.*
[14]*Bundesregierung*, PM v. 06.01.2021.
[15]*BMFSFJ*, PM v. 05.03.2021.
[16]*Bundesregierung*, PM v. 06.01.2021.

II. Die rechtshistorische Entwicklung der Geschlechtergleichheit im Arbeitsverhältnis

Juristische Selbstverständlichkeiten wie der Anspruch auf gleichen Zugang zu Erwerbstätigkeiten, auf gleiche Entlohnung für vergleichbare Tätigkeiten sowie das Verbot von Diskriminierung am Arbeitsplatz sind aus unserer heutigen Gesellschaft nicht mehr wegzudenken.[17] Dass diese formalen Rechtsansprüche in der Realität noch keine tatsächliche Chancengleichheit herzustellen vermochten, hat vor allem historische Gründe.[18]

Dass sie *überhaupt* existieren, ist zwei besonders wegweisenden Richtlinien der Europäischen Gemeinschaft zu verdanken.[19] Namentlich der „Entgeltgleichheitsrichtlinie" 75/117/EWG und der „Gleichbehandlungsrichtlinie" 76/207/EWG aus den Jahren 1975 und 1976.[20] Diese verpflichteten die Mitgliedstaaten, ihr gesamtes Arbeitsrecht auf die Chancengleichheit zwischen den Geschlechtern auszurichten.[21] Letztere enthielt in Art. 2 Abs. 1 RL 76/207/ EWG erstmals das Verbot sowohl der unmittelbaren als auch der mittelbaren Diskriminierung auf Grund des Geschlechts im Arbeitsverhältnis, insbesondere in Bezug auf Ehestand und Familienverhältnisse.[22]

Daraufhin folgten zahlreiche weitere EWG-Richtlinien, die die Chancengleichheit von Frauen und Männern im Arbeitsleben und die Verankerung dieser Grundsätze in den Rechtsordnungen der Mitgliedstaaten zum Ziel hatten.[23] Der EUGH räumte den Mitgliedern ab dem Zeitpunkt des In-Kraft-Tretens eine dreijährige Frist zur Umsetzung dieser Richtlinien in nationales Recht ein.[24]

Fast doppelt so lange dauerte die Umsetzung der „Gleichbehandlungsrichtlinie" 76/207/EWG in Deutschland.

---

[17] *Berghahn*, Landesweite Aktionswochen 2003, 151 (156).
[18] *Ebd.*
[19] *Ebd.*
[20] *Ebd.*
[21] *Ebd.*
[22] *Ebd.*
[23] *Ebd.*
[24] *Ebd.*, 151 (157).

Am 21. August 1980 trat schließlich das „arbeitsrechtliche Gleichbehandlungsgesetz" in Kraft, das in Form von § 611a BGB[25] einen Meilenstein für die Gleichstellung der Geschlechter im Berufsleben setzte.[26] § 611a BGB enthielt in seiner damaligen Fassung ein an den Arbeitgeber gerichtetes geschlechtsbezogenes Benachteiligungsverbot. Bis zur Implementierung der Gleichbehandlungsrichtlinie im nationalen Recht war die Differenzierung nach Geschlecht für Unternehmen bei der Auswahl ihrer Arbeitskräfte selbstverständlich.[27]

Dass zwischen dem In-Kraft-Treten des Gleichheitssatzes in Art. 3 Abs. 2 und 3 GG und der Einführung des Diskriminierungsverbots mehr als 30 Jahre vergangen sind, macht deutlich, dass auf den im Grundgesetz verankerten Gleichberechtigungsgrundsatz im Arbeitsrecht und – leben kaum Rücksicht genommen wurde.[28] Zwar wurde früh erkannt, dass Art. 3 Abs. 2 S. 1 GG beispielsweise auch die Lohngleichheit von Frauen und Männern umfasst,[29] dennoch wurden Tarifverträge mit sog. Frauenlohnabschlagsklauseln geschlossen, nach denen Frauen für dieselbe Tätigkeit einen geringeren Stundenlohn erhielten als Männer.[30] Begründet wurde dies u.a. mit der Annahme, die meisten Frauen seien ohnehin durch einen Ehemann versorgt.[31] Selbst nachdem das BAG diese Klauseln 1955 für nichtig erklärt hatte, änderte sich daran faktisch kaum etwas.[32] Erst als der EuGH anfing, die Rechtsfigur der mittelbaren Diskriminierung großzügiger anzuwenden, kam es zu einem Umdenken.[33] Mittelbare Diskriminierung lag nach Art. 2 Abs. 2 RL 76/207/EWG vor, wenn augenscheinlich neutrale Vorschriften, Kriterien oder Verfahren Personen einer Geschlechtszugehörigkeit, ohne sachliche Rechtfertigung

---

[25]*BGBl.* I 1980, S. 1308.
[26]*Berghahn*, Landesweite Aktionswochen 2003, 151 (156).
[27]*Ebd.*, 151 (157).
[28]*Ebd.*
[29]*Ebd.*
[30]*Ebd.*, 151 (157 f.).
[31]*Ebd.*
[32]*Ebd.*
[33]*Ebd.*

in besonderer Weise gegenüber Personen des anderen Geschlechts benachteiligen können.

Obwohl das in § 611a BGB verankerte Diskriminierungsverbot mangels viel zu schwach ausgestalteter Sanktionen bei Missachtung durch den Arbeitgeber faktisch ins Leere lief, ist zumindest positiv anzumerken, dass die Ausgestaltung der Norm vom EuGH immer wieder moniert wurde.[34] So wies das Gericht der nationalen Gesetzgebung immerhin den Weg zu einer wirksameren Normsetzung, auch wenn sie diesem zunächst nicht folgte.[35] Selbst mit Einführung des „Zweiten Gleichberechtigungsgesetzes" im Jahr 1994 blieben europarechtliche Vorgaben weitgehend unbeachtet.[36] Vielmehr führte der neue § 611a BGB[37], der sogar noch geringere Entschädigungszahlungen vorsah als zuvor, zu einer Verschlimmerung der Situation.[38] Es bedurfte noch weiterer Entscheidungen des EuGH, bis die Norm[39] 1998 nachgebessert und an europäisches Gleichheitsrecht angepasst wurde.[40] Das Benachteiligungsverbot des damaligen § 611a BGB setzt sich heute im Allgemeinen Gleichbehandlungsgesetz vom 14. August 2006[41] fort.[42]

Es war ein langer Weg, bis das Verbot der Geschlechterdiskriminierung halbwegs europäischen Maßstäben entsprach – geprägt von einem stetigen Hin und Her zwischen EuGH und den deutschen Gerichten samt Gesetzgebung.[43]

Dennoch gibt es auch heute noch viele Hintertüren, mit deren Hilfe das Gebot der Gleichbehandlung der Geschlechter umgangen werden kann.[44]

---

[34]*Ebd.*, S. 159.
[35]*Ebd.*
[36]*Ebd.*, S. 160.
[37]*BGBl.* I 1994, S. 1406.
[38]*Berghahn*, Landesweite Aktionswochen 2003, 151 (159 f.).
[39]*BGBl.* I 1998, S. 1694.
[40]*Berghahn*, Landesweite Aktionswochen 2003, 151 (160).
[41]*BGBl.* I 2006, S. 1897.
[42]*Berghahn*, gender-politik-online, 2012, S. 8.
[43]*Ebd.*, S. 8 f.
[44]*Ebd.*

III.   Die Notwendigkeit einer gesetzlich verankerten Frauenquote

Berufseinsteigerinnen sind leistungsfähig, motiviert und qualifiziert. Sie wollen vor allem eines: Karriere machen.[45]

Ihren männlichen Mitstreitern stehen sie dabei in Sachen fachlicher Qualifikation in keiner Weise nach.[46] Nach erfolgreichem Bildungsabschluss gestaltet sich der Einstieg junger Frauen ins Berufsleben meist noch unproblematisch.[47] Zunächst geht es gut voran.[48] Doch dann stockt es.[49] Die verfügbaren Stellen werden weniger.[50] Der Leistungsdruck nimmt zu.[51] Doch während ihre männlichen Kollegen ohne ersichtlich bessere Leistung auf der Karriereleiter an ihnen vorbeiziehen,[52] prallen viele Frauen gegen die sog. „gläserne Decke".[53]

Der Begriff der „gläsernen Decke" oder „glass ceiling" steht als Metapher für sämtliche Barrieren, die Frauen den Weg zur oberen Führungsebene erschweren oder versperren.[54] Es handelt sich dabei um kaum wahrnehmbare Mechanismen, die gerade wegen ihrer Unauffälligkeit so effektiv sind.[55]

Der Frauenanteil in Deutschland liegt bei über 50 Prozent der Bevölkerung.[56] Die Zahl qualifizierter Frauen war noch nie so hoch wie heute.[57] Trotzdem sind sie nur zu einem sehr geringen Teil in Führungspositionen vertreten.[58] Dieses Missverhältnis steht im Widerspruch zu einer geschlechtergerechten Teilhabe von Frauen in unserer Gesellschaft und kann in der heutigen Zeit nicht mehr mit einer geringeren Qualifikation gerechtfertigt werden.[59]

---

[45]*Emde*, B+P 2020, 591 (591).
[46]*Ebd.*
[47]*Ebd.*
[48]*Matthiessen-Kreuder*, Landesweite Aktionswochen 2005, 89 (89).
[49]*Ebd.*
[50]*Ebd.*
[51]*Ebd.*
[52]*Funken*, TU Berlin, Redebeitrag v. 02.06.2005, S. 1.
[53]*Emde*, B+P 2020, 591 (591).
[54]*Ebd.*
[55]*Funken*, TU Berlin, Redebeitrag v. 02.06.2005, S. 1.
[56]*BT-Drs.* 18/3784, S. 2.
[57]*Ebd.*, S. 1.
[58]*Ebd.*, S. 2.
[59]*Ebd.*, S. 1.

Die Tendenz, männliche Bewerber bevorzugt einzustellen, bemerkte der EuGH bereits 1997 und sah einen Zusammenhang mit stereotypen Vorurteilen über die Rolle der Frau im Erwerbsleben.[60] Daraus folgerte er, dass die alleinige Tatsache, zwei verschiedengeschlechtliche Bewerber seien gleich qualifiziert, nicht bedeute, dass zwischen ihnen Chancengleichheit herrsche.[61]

Die Herstellung der Geschlechterparität steht im Einklang mit der deutschen Nachhaltigkeitsstrategie, die sich vor allem die Schließung gleichstellungspolitischer Lücken zum Ziel gemacht hat.[62] Und dies ist auch notwendig. Denn Frauen gelangen nicht nur seltener in Führungspositionen, sie verdienen durchschnittlich auch weniger als Männer.[63] Diese Entgeltlücke, der sog. Gender Pay Gap, geht Hand in Hand mit dem Gender Care Gap und mündet unumgänglich im Gender Pension Gap.[64] Denn Frauen, die wenig verdienen oder finanziell von ihrem Partner abhängig sind, weil sie unbezahlte Sorgearbeit in der Familie leisten, können weniger in eine erwerbsbasierte Altersvorsorge investieren und leiden somit häufiger unter Altersarmut als Männer.[65]

Angesichts dieser Probleme besteht zwingender politischer Handlungsbedarf, um dem verfassungsrechtlichen Auftrag zur gleichberechtigten Teilhabe von Frauen und Männern an Führungspositionen gerecht zu werden.[66]

---

[60]*EuGH* v. 11.11.1997, Rs. C-409/95, Slg. 1997, I-6363–*Marschall.*
[61]*Ebd.*
[62]*BMFSFJ*, Referentenentwurf v. 16.01.2020, S. 68.
[63]*Köhler/Manegold/Königshofen/Plekat*, detektor.fm.
[64]*Ebd.*
[65]*Ebd.*
[66]*BT-Drs.* 18/3784, S. 2.

IV. Die verfassungsrechtliche Zulässigkeit frauenfördernder Maßnahmen

Da gesetzlich festgeschriebene Fördermaßnahmen zur paritätischen Teilhabe an Führungspositionen immer auch die Grundrechte von Privatpersonen und Unternehmen tangieren,[67] müssen sie mit den verfassungsrechtlichen Grundsätzen des Grundgesetzes vereinbar sein.[68] Ganz gleich in welchen Bereichen frauenfördernde Maßnahmen getroffen werden, ist stets kritisch zu hinterfragen, ob hinsichtlich einer Differenzierung zwischen Geschlechtern verfassungsrechtliche Bedenken bestehen.[69]

Hierbei ist neben eventuellen Grundrechtsverletzungen der Anteilseigner sowie der betroffenen Unternehmen und der Einhaltung des Grundsatzes der Bestenauslese des Art. 33 Abs. 2 GG für den öffentlichen Dienst, vor allem die Wahrung des Gleichheitsgrundsatzes des Art 3 Abs. 3 S. 1 GG von Bedeutung.[70] Dieser bedarf besonderer Beachtung, sobald seitens der Gesetzgebung geschlechterdifferenzierende Bestimmungen ergehen.[71]

Da die entscheidenden, verfassungsrechtlichen Problematiken bereits bei der Prüfung des Art. 3 Abs. 3 S. 1 auftreten,[72] sollen sich die folgenden Ausführungen auf die Vereinbarkeit aktiver Frauenförderung mit dem verfassungsrechtlichen Gleichheitsgrundsatz am Beispiel der Frauenquote beschränken.

1. Der Gleichheitssatz des Art. 3 Abs. 3 S. 1 GG

Der Anwendungsbereich des Art. 3 Abs. 3 S. 1 GG ist immer dann eröffnet, wenn eine Ungleichbehandlung vorliegt.[73] Die Privilegierung von Frauen beim Zugang zu Führungspositionen mittels einer verbindlichen Quote,

---

[67] *Habersack/Kersten*, BB 2014, 2819 (2822).
[68] *Papier/Heidebach*, ZGR 2011, 305 (313).
[69] *Papier/Heidebach*, Rechtsgutachten 2014, S. 7.
[70] *Papier/Heidebach*, ZGR 2011, 305 (313).
[71] *Papier/Heidebach*, Rechtsgutachten 2014, S. 7.
[72] *Papier/Heidebach*, ZGR 2011, 305 (313).
[73] *Papier/Heidebach*, Rechtsgutachten 2014, S. 7.

schließt Männer schon dem Wortlaut nach aus[74] und konstruiert damit eine Bevorzugung des weiblichen Geschlechts zum Nachteil des männlichen.[75]

Derartige geschlechtsspezifische Ungleichbehandlungen sind nach Art. 3 Abs. 3 S. 1 GG grundsätzlich unzulässig.[76]

2. Rechtfertigung

Nach der Rechtsprechung des Bundesverfassungsgerichts verstößt aber nicht jede an das Geschlecht anknüpfende Ungleichbehandlung gegen Art. 3 Abs. 3 GG.

Differenzierende Regelungen können verfassungsrechtlich gerechtfertigt sein, soweit sie zur Lösung von Problemen, die ihrer Natur nach entweder nur bei Männern oder bei Frauen auftreten, zwingend erforderlich sind.[77] Die Unterrepräsentation von Frauen in Führungspositionen ist jedoch nicht biologisch bedingt.[78]

Liegen keine zwingenden Gründe für eine Ungleichbehandlung vor, kann sie nur noch durch Abwägung kollidierenden Verfassungsrechts legitimiert werden.[79] Im Rahmen einer strengen Verhältnismäßigkeitsprüfung ist festzustellen, ob die Maßnahme einen legitimen Zweck verfolgt, zu dessen Erreichung sie geeignet und erforderlich ist.[80] Ferner muss eine Gesamtabwägung[81] ergeben, dass die Ungleichbehandlung im Verhältnis zum verfolgten Zweck angemessen ist.[82]

---

[74]*Ebd.*, S. 7 f.
[75]*Berghahn*, gender-politik-online, 2012, S. 9.
[76]*Papier/Heidebach*, Rechtsgutachten 2014, S. 8.
[77]BVerfGE 85, 191 (207).
[78]*Papier/Heidebach*, Rechtsgutachten 2014, S. 8.
[79]*BVerfGE* 92, 91 (109).
[80]*Papier/Heidebach*, ZGR 2011, 305 (314).
[81]*BVerfGE* 90, 145 (173).
[82]*Papier/Heidebach*, ZGR 2011, 305 (314).

a)   Legitimer Zweck

Als kollidierendes Verfassungsrecht, das zugleich den legitimen Zweck verkörpert, kann Art. 3 Abs. 2 S. 2 GG herangezogen werden.[83] Danach soll der Staat die tatsächliche Durchsetzung der Gleichberechtigung von Frauen und Männern fördern und auf die Beseitigung bestehender Nachteile hinwirken. Intention der Gesetzgebung war die Durchsetzung der künftigen Gleichberechtigung der Geschlechter und die Angleichung der Lebensverhältnisse.[84] In erster Linie geht es um die Herstellung gleicher Erwerbschancen für Frauen wie für Männer.[85] Damit wird auch europarechtlichen und internationalen Verpflichtungen der Bundesrepublik Rechnung getragen.[86] Die Beseitigung mittelbarer und faktischer Diskriminierungen fordern sowohl das europäische Gleichstellungsrecht[87] als auch die völkerrechtlichen Instrumente zum Abbau der Diskriminierung von Frauen[88]. So formuliert auch Art. 3 CEDAW einen aktiven Förderauftrag an die Vertragsstaaten, geeignete - auch gesetzliche - Maßnahmen zur Sicherung der Förderung der Frau zu treffen, um zu gewährleisten, dass sie Menschenrechte und Grundfreiheiten gleichberechtigt mit dem Mann erhält.

Auch das BVerfG sprach in seiner Entscheidung zum *Nachtarbeitsverbot* dem Gleichstellungsauftrag des Art. 3 Abs. 2 S. 2 GG zugunsten der Frau eine über das Diskriminierungsverbot des Abs. 3 hinausgehende Bedeutung zu.[89] Faktische Nachteile, die typischerweise Frauen betreffen, dürften danach durch begünstigende Maßnahmen ausgeglichen werden.[90]

---

[83]*BVerfGE* 92, 91 (109).
[84]*BVerfGE* 109, 64 (89).
[85]*Ebd.*
[86]*Ebd.*
[87]*RL* 76/207/EWG.
[88]Vgl. Art. 11 des UN-Übereinkommens zur Beseitigung jeder Form von Diskriminierung der Frau vom 18. Dezember 1979 BGBl. II 1985, S. 648.
[89]*BVerfGE* 85, 191 (201).
[90]*Ebd.*, 191 (207).

b)   Geeignetheit und Erforderlichkeit

Gesetzliche Quotenregelungen zur Frauenförderung sind ohne Zweifel geeignet, Chancengleichheit zwischen Frauen und Männern im Erwerbsleben herzustellen.[91] Die Erforderlichkeit solcher Instrumente verdeutlicht die immer noch geringe Repräsentanz von Frauen in Führungspositionen.[92] Ein milderes Mittel, das in gleicher Weise Erfolg verspricht, ist nicht ersichtlich.[93] Da die bisherigen Mittel der Selbstverpflichtung nicht geeignet waren, eine Verbesserung der Situation herbeizuführen, unterliegt es der Einschätzungsprärogative der Gesetzgebung, gesetzliche Zwangsmaßnahmen zu ergreifen.[94]

c)   Angemessenheit

Im Rahmen der Angemessenheitsprüfung hat eine Abwägung zwischen dem Gewicht der Ungleichbehandlung und der Bedeutung des mit der Maßnahme verfolgten Zwecks zu erfolgen.[95]

Eine ausdrückliche höchstrichterliche Rechtsprechung zur Verfassungskonformität von Quotenregelungen liegt bislang nicht vor.[96] Das Bundesarbeitsgericht befand in mehreren Entscheidungen[97] zu Quoten im öffentlichen Dienst zumindest die leistungsbezogene Quote mit einer Härteklausel[98] zugunsten männlicher Bewerber für verfassungsrechtlich unbedenklich[99] und mit Art. 3 Abs. 3 S. 1 GG vereinbar,[100] wenn das zu bevorzugende Geschlecht in der jeweiligen Dienstebene tatsächlich unterrepräsentiert ist.[101] Dabei stützte es sich auf Art. 3 Abs. 2 S. 2 GG.[102]

---

[91] *Papier/Heidebach,* ZGR 2011, 305 (315).
[92] s.o. unter A. I.
[93] *Papier/Heidebach,* ZGR 2011, 305 (315), s. auch: *BMFSFJ:* Referentenentwurf v. 16.01.2020, S. 67.
[94] *Papier/Heidebach,* ZGR 2011, 305 (315).
[95] *Ebd.*
[96] *Ebd.,* 305 (316).
[97] *BAGE* 73, 269 (269 f.); 87, 165 (165 f.); 104, 264 (264 f.)
[98] *BAGE* 104, 264 (269 f.).
[99] *BAGE* 73, 269 und *BAGE* 104, 264.
[100] *BAGE* 104, 264 (269).
[101] *BAGE* 73, 269 (286 f.).
[102] *BAGE* 104,264 (269 f.).

Bei einer leistungsbezogenen Quote darf ein Vertreter des unterrepräsentierten Geschlechts nur bei tatsächlicher Eignungsgleichheit bevorzugt eingestellt werden, nicht aber, wenn die Person des anderen Geschlechts besser qualifiziert ist.[103]

Es geht also nicht darum, Frauen grundsätzlich zu privilegieren, sondern darum, ihnen in einer qualifikatorischen Pattsituation einen Chancenvorteil einzuräumen.[104]

Die Härteklausel schränkt dies insofern ein, als ein gleich qualifizierter Kandidat des überrepräsentierten Geschlechts dennoch bevorzugt zu behandeln ist, wenn seine Nichtberücksichtigung eine besondere Härte darstellen würde.[105] Etwa, weil er als Alleinverdiener eine Familie zu ernähren hat.

Nach der Rechtsprechung des Bundesarbeitsgerichts sei die Leistungsbezogenheit der Quotenregelung entscheidend für ihre Verfassungsmäßigkeit.[106] Damit werde sowohl den Vorgaben des Art. 33 Abs. 2 GG Genüge getan als auch das Gewicht der Ungleichbehandlung des männlichen Geschlechts reduziert.[107]

Ablehnende Stimmen in der Literatur legen Art. 3 Abs. 2 S. 2 GG dahingehend aus, dass dieser keine diskriminierende Behandlung eines Geschlechts legitimieren könne.[108] Überwiegend wird aber auch im Schrifttum die Verfassungsmäßigkeit von Quotenregelungen in der vom Bundesarbeitsgericht gebilligten Form anerkannt.[109]

Da Unionsrecht gegenüber nationalem Recht Anwendungsvorrang genießt, ist bei der Untersuchung der Verfassungsmäßigkeit von Quotenregelungen auch die Rechtsprechung des EuGH zu berücksichtigen.[110] Auf Grundlage der bereits angesprochenen RL

---

[103]*BAGE*, 73, 269 (286 f).
[104]*Berghahn*, Landesweite Aktionswochen 2003, 151 (162).
[105]*BAGE*, 73, 269 (286 f.).
[106]*Ebd.*, 269 (277 ff.).
[107]*Ebd.*, 269 (286).
[108]Vgl. *Papier/Heidebach*, ZGR 2011, 305 (317).
[109]Vgl. *Ebd.*
[110]*Ebd.*, S. 329.

76/207/EWG, zeigte sich der EuGH 1995 in seiner *Kalanke*[111] - Entscheidung zunächst allgemein skeptisch gegenüber Quotenregelungen und lehnte besonders Ausgestaltungen ohne Einzel- und Härtefallklausel ab.[112] Zwei Jahre später erklärte er in seiner zweiten Entscheidung zu Frauenquoten, der Rechtssache *Marschall*,[113] zumindest leistungsbezogene Quotenregelungen mit Härteklausel für europarechtskonform[114] und bestätigte diese Ansicht auch in der Sache *Badeck*.[115] In der Rechtssache *Abrahamsson und Anderson*[116] untersagte das Gericht ausdrücklich sog. starre Quoten, bei denen ein gewisses Stellenkontingent an hoch dotierten Positionen ausschließlich mit Frauen besetzt werden darf.[117] Insgesamt hält es aber leistungsbezogene Quotenbestimmungen als positive Fördermaßnahmen i.S.d. Art. 3 der Gleichbehandlungsrichtlinie i.V.m. Art. 157 Abs. 4 AEUV zum Ausgleich der Unterrepräsentation des weiblichen Geschlechts grundsätzlich für gerechtfertigt.[118]

Anders als die deutsche Rechtsprechung hat der EuGH seine Quotenrechtsprechung nicht auf den öffentlichen Dienst beschränkt, sondern auf den gesamten Erwerbsbereich ausgedehnt.[119]

Freilich kann Art. 3 Abs. 2 S. 2 GG keine grundsätzliche Gleichstellung von Frauen und Männern rechtfertigen.[120] Es geht vielmehr um die Herstellung von Chancengleichheit, nicht um die grundsätzliche Schaffung paritätischer Verhältnisse zwischen den Geschlechtern in allen Bereichen.[121]

Unproblematisch lässt sich daher eine Quote mit Art. 3 Abs. 2 S. 2 GG rechtfertigen, wenn der Frauenanteil in einer Führungsebene deutlich

---

[111]*EuGH* v.17.10.1995-Rs. C-450/93, Slg. 1995, I-3051-*Kalanke*.
[112]*Berghahn*, gender-politik-online, 2012, S. 10.
[113]*EuGH* v. 11.11.1997, Rs. C-409/95, Slg. 1997, I-6363–*Marschall*.
[114]*Papier/Heidebach*, Rechtsgutachten 2014, S. 25.
[115]*EuGH* v. 28.03.2000, Rs. C-409/95, Slg. 2000, I-1875-*Badeck*.
[116]*EuGH* v. 06.07.2000, Rs. C-407/98, Slg. 2000, I-5539-*Abrahamsson und Anderson*.
[117]*Papier/Heidebach*, Rechtsgutachten 2014, S. 15.
[118]*Ebd.*, S. 29.
[119]*Berghahn*, gender-politik-online, 2012, S. 10.
[120]*Papier/Heidebach*, ZGR 2011, 305 (318).
[121]*Ebd.*

geringer ist als der Frauenanteil in den unteren und mittleren Positionen eines Unternehmens,[122] wenn also Frauen im Laufe ihrer Karriere irgendwann gegen die „gläserne Decke" stoßen.[123] Nur dann sind Gleichstellungsmaßnahmen überhaupt erforderlich.[124]

Wesentlich problematischer gestaltet sich die Heranziehung von Art. 3 Abs. 2 S. 2 GG, wenn eine Frauenquote auch für Unternehmen gelten soll, in denen der Frauenanteil generell sehr gering ist.[125] Würde man Frauen in solchen Unternehmen zu einer Überrepräsentanz in Führungspositionen verhelfen, würde es sich hierbei um eine Geschlechtergleichstellung um ihrer selbst willen handeln, welche dem Zweck des Art. 3 Abs. 2 S. 2 GG zuwider liefe.[126] Auch wenn die beschriebene Konstellation die Ausnahme sein dürfte, wäre jedenfalls eine pauschale Quote für alle Unternehmen äußerst kritisch zu sehen.[127]

Im Gegensatz zur Leistungsquote werden starre Quoten überwiegend für unzulässig gehalten,[128] da sie das Gewicht der Ungleichbehandlung zulasten der Männer erhöhen, wenn diesen der Zugang zu bestimmten Positionen verwehrt wird.[129]

Anders als im öffentlichen Dienst ist eine leistungsbezogene Quote aber nicht mit den qualifikatorischen Anforderungen an einen Aufsichtsrats- oder Vorstandsposten vereinbar.[130] Der Unterschied besteht darin, dass es für solche Positionen kein klares Qualifikationsprofil gibt, mit dem sich ein Eignungsvergleich der Kandidaten durchführen ließe.[131] Ein solcher ist aber Voraussetzung für eine leistungsbezogene Quote.[132] Den

---

[122]*Papier/Heidebach*, Rechtsgutachten 2014, S. 13.
[123]*Papier/Heidebach*, ZGR 2011, 305 (318).
[124]*Papier/Heidebach*, Rechtsgutachten 2014, S. 13.
[125]*Papier/Heidebach*, ZGR 2011, 305 (320).
[126]*Ebd.*, 305 (318).
[127]*Ebd.*, 305 (320).
[128]*BT-Drs.* 12/6000, S. 50.
[129]*Papier/Heidebach*, ZGR 2011, 305 (321).
[130]*Ebd.*
[131]*Ebd.*
[132]*Ebd.*

Anforderungen und Strukturen eines Gremiums, das es zu besetzen gilt, könnte sie nicht gerecht werden.[133]

Ein weiterer Aspekt, der gegen eine Leistungsquote in der vorliegenden Konstellation spricht, ist das Bestehen einer grundrechtlichen Dreiecksbeziehung.[134] Bei der Abwägung entgegenstehender Interessen sind neben den Interessen von Frauen und Männern auch die der betroffenen Unternehmen zu berücksichtigen.[135] Eine leistungsbezogene Quote dürfte aufgrund ihrer diffizilen Folgeregelungen für die Anteilseigner der betroffenen Unternehmen sogar noch massiver in deren Organisationsfreiheit eingreifen als eine starre Quote.[136]

Solange der Frauenanteil also nur auf der Leistungsebene unausgewogen ist, kann auch eine starre, leistungsunabhängige Quote eine mit dem Grundgesetz vereinbare Ungleichbehandlung darstellen [137]

Aus denselben Gründen kann von einer Härteklausel abgesehen werden, die schon deshalb nicht notwendig erscheint, weil von der Tätigkeit im Aufsichtsrat oder Vorstand in der Regel nicht die Bestreitung des Lebensunterhalts abhängt.[138]

3. Ergebnis

Unter Beachtung der dargestellten verfassungsrechtlichen Maßstäbe ist jedenfalls die leistungsbezogene Quote mit dem Grundgesetz vereinbar, solange es sich nicht um ein Unternehmen handelt, in dem Frauen generell unterrepräsentiert sind.

Starre Quoten sind weitaus kritischer zu beurteilen und grundsätzlich nicht verfassungskonform. Wegen der Notwendigkeit der Berücksichtigung der speziellen Strukturen eines Aufsichtsrats- oder Vorstandspostens kann jedoch auch eine starre Quote, in der vom

---

[133]*Ebd.*, 305 (322).
[134]*Ebd.*
[135]*Ebd.*
[136]*Ebd.*
[137]*Ebd.*
[138]*Ebd.*, 305 (322 f.).

Bundeskabinett angedachten Form mit Art. 3 Abs. 2 S. 2 GG gerechtfertigt werden.

V.   Frauenförderung und die dritte Geschlechtsoption?

Problematisch gestaltet sich die in unserer Gesellschaft immer noch weit verbreitete Vorstellung von der Existenz zweier Geschlechter.[139] Auch der Frauenquote ist diese Annahme immanent.

Die klare Kategorisierung der zwei Gruppen Mann und Frau zwingt dazu, sich einer der beiden zuzuordnen.[140] Was aber, wenn sich eine Person keiner dieser Gruppen zuordnen *kann*?

Gemeint sind intersexuelle Personen, also Menschen, die gleichzeitig Merkmale des männlichen und weiblichen Geschlechts aufweisen.[141] Durch die fehlende Möglichkeit einer Zuordnung werden Menschen mit einer von der gesellschaftlichen „Norm" abweichenden, anderen körperlichen Variation ausgeschlossen.[142] Sie sind daher besonders verletzlich[143] und damit schützenswert.

Art. 3 Abs. 3 S. 1 GG soll seiner Zielsetzung nach Personen, die strukturell diskriminierungsgefährdeten Gruppen angehören, vor Benachteiligungen schützen.[144]

Der Wortlaut der Norm spricht nur allgemein von „Geschlecht", ohne dieses genauer einzuschränken, sodass davon ohne Weiteres Angehörige des dritten Geschlechts erfasst sein können.[145]

Auch aus historischer Sicht steht dieser Annahme nichts entgegen.[146] Die Verfasser des Grundgesetzes dürften 1949 bei der Formulierung des Art. 3 Abs. 3 S. 1 GG zwar kaum an intersexuelle Personen gedacht haben, dennoch hindert dies nicht daran, die Verfassung nach heutigem

---

[139] *Liebscher/Naguib/Plümecke/Remus*, KJ 2012, 204 (206).
[140] *Ebd.*, 204 (204).
[141] *Ebd.*, 204 (206).
[142] *Ebd.*, 204 (207).
[143] *BVerfGE* 147, 1 (28).
[144] *Ebd.*
[145] *Ebd.*
[146] *Ebd.*, 1 (29).

Wissensstand zu interpretieren und auf weitere Geschlechtsoptionen auszuweiten.[147]

Da also auch Angehörige des dritten Geschlechts den Schutz des Art. 3 Abs. 3 S. 1 GG genießen, stellt sich die Frage, ob die Verfassungsmäßigkeit frauenfördernder Maßnahmen nun angezweifelt werden muss.

Zweifelsohne werden intersexuelle Menschen - ebenso wie Männer – durch frauenfördernde Maßnahmen benachteiligt, sodass der Schutzbereich des Art. 3 Abs. 1 GG eröffnet ist. Problematisch könnte sich aber die Rechtfertigung mit Art. 3 Abs. 2 S. 2 GG gestalten. Denn dieser formuliert lediglich einen staatlichen Förderauftrag zur Durchsetzung der Gleichberechtigung zwischen Frauen und Männern. Nicht aber zwischen sämtlichen existierenden Geschlechtern. Aber auch wenn Art. 3 Abs. 2 S. 2 GG die dritte Geschlechtsoption nicht erwähnt, müssen dennoch positive Maßnahmen zur Herstellung von Gleichberechtigung zwischen den Geschlechtern aus den bereits genannten Gründen zulässig sein. Überhaupt dürfte die durch Förderinstrumente hervorgerufene Benachteiligung intersexueller Personen kaum schwerwiegender sein als die von Männern. Es ließe sich auch nicht begründen, warum Fördermaßnahmen gegenüber Männern verfassungsrechtlich zulässig sein sollen, gegenüber Personen des dritten Geschlechts hingegen nicht. Intersexuelle Personen müssen – ebenso wenig wie Männer - wegen frauenfördernder Maßnahmen um ihr berufliches Fortkommen bangen.[148] Denn losgelöst von jeglicher Förderung haben Menschen sämtlicher Geschlechter weiterhin die Chance, ihre Fähigkeiten unter Beweis zu stellen[149] und von sich zu überzeugen. Denn Gleichstellungsmaßnahmen sollen keine Ergebnisgleichheit garantieren, sondern Chancengleichheit herstellen.[150] Maßnahmen zur Frauenförderung stellen somit keine umgekehrte Diskriminierung eines

---

[147]*Ebd.*
[148]*Berghahn*, Landesweite Aktionswochen 2003, 151 (163).
[149]*Ebd.*
[150]*Baer*, Landesweite Aktionswochen 2003, 23 (24).

anderen (egal welchen) Geschlechtes dar, sondern sind ein Instrument zum Abbau von Diskriminierung und Sicherung von Gleichstellung.[151]

Nach Art. 4 Abs. 1 der UN-Frauenrechtskonvention gilt dies aber nur für zeitweilige Sondermaßnahmen. Diese seien aber keinesfalls dauerhaft beizubehalten, sondern aufzuheben, sobald die gewünschte Chancengleichheit hergestellt wurde.

Da die Mehrdimensionalität des modernen Geschlechterbegriffs unser Recht nur sehr langsam durchdringt, besteht die Gefahr, dass Menschen, die der Vorstellung unserer immer noch binär geprägten Gesellschaft nicht gerecht werden,[152] aus dem Recht ausgeklammert werden und durch das Raster fallen. So lässt auch das Grundgesetz Fördermaßnahmen zugunsten eines anderen als der „üblichen" Geschlechter unerwähnt. Dafür zielt das „modernere" Allgemeine Gleichbehandlungsgesetz in § 1 AGG ausdrücklich auf die Beseitigung oder Verhinderung von Benachteiligungen auch des Geschlechts und erlaubt in § 5 AGG – ähnlich wie Art. 3 Abs. 2 S. 2 GG – eine unterschiedliche Behandlung mittels geeigneter und angemessener Maßnahmen zur Durchsetzung dieser Ziele, ohne eine Einschränkung des Geschlechterbegriffs vorzunehmen, sodass hiervon sämtliche Geschlechtsoptionen erfasst sind. Insofern bleiben auch Personen des dritten Geschlechts nicht ohne rechtlichen Schutz.

Somit bestehen auch im Hinblick auf die dritte Geschlechtsoption keine Bedenken gegen die verfassungsmäßige Zulässigkeit einer Frauenquote.

VI. Fazit

So gleichstellungsorientiert Förderinstrumente einerseits gedacht sind, so gleichstellungsfeindlich können sie sich andererseits auswirken.[153] Denn der Bezug auf benachteiligte Gruppen und deren Rechte zeigt Ungleichheiten auf und reduziert Betroffene auf das eine diese Gruppe

---

[151]*Ebd.*
[152]*BVerfGE* 147, 1 (28).
[153]*Baer*, Heinrich-Böll-Stiftung, 2010, 11 (16).

definierende Merkmal.[154] Werden Angehörige einer Gruppe gefördert, werden diese Menschen stigmatisiert.[155]

Frauenfördernde Maßnahmen naturalisieren das Merkmal „Frau" und verstärken Stereotype, die in unserer Gesellschaft ohnehin vorherrschend sind.[156]

Hinzu kommt, dass positive Maßnahmen zu Gunsten einer bestimmten Gruppe oft zu Lasten einer anderen gehen.[157] Doch welche Gruppe gilt es dann zu fördern, welches Merkmal genießt Vorrang?[158] So wird aus Differenzierung Diskriminierung[159] und Differenzierung schafft hierarchisierte Ungleichheiten.[160]

Dennoch sind Maßnahmen zur Förderung erforderlich.[161] Es ist aber stets angezeigt, diese immer wieder kritisch zu hinterfragen. Denn nur durch ständige Reflexion kann Sensibilität geschaffen werden für die vielschichtigen Ausgestaltungen von Diskriminierung. Nur durch Sensibilisierung kann subtilen Versuchen, solche Maßnahmen elegant zu umgehen, souverän begegnet werden.[162]

Fernab von staatlichen Zwangsmaßnahmen, ist auch ein generelles Umdenken bei der Besetzung von Führungspositionen notwendig.[163]

Solche Stellen sind auf enorme zeitliche Belastung ausgelegt, sodass sie nur mit Personen besetzt werden können, die keinerlei außerberufliche Verpflichtungen haben.[164] Neue Formen der Arbeitsorganisation, die die Vereinbarkeit beruflicher und familiärer Verpflichtungen erhöhen, könnten beides ermöglichen – Karriere und Familie - und so dauerhaft zu einem höheren Frauenanteil in den Chefetagen führen.[165]

---

[154]*Ebd.*, 11 (13).
[155]*Ebd.*, 11 (16).
[156]*Ebd.*
[157]*Ebd.*
[158]*Ebd.*
[159]*Ebd.*
[160]*Ebd.*
[161]*Ebd.*, 11 (13).
[162]Vgl. *Ebd.*, 11 (15 f.).
[163]*Redenius-Hövermann*, ZIP 2010, 660 (666).
[164]*Kirsch*/Wrohlich, DIW 4/2020, 50 (55).
[165]*Ebd.*

Auch wenn eine Quotenregelung keine unmittelbare Auswirkung auf alle Aspekte der Geschlechtergleichheit hat, ist es letztlich ihr symbolischer Charakter, der ihre enorme Bedeutung ausmacht.[166] Dies macht sie zu einem zentralen Instrument der Gleichstellungspolitik.[167]

Die geplante Reform des Gesetzes für mehr Frauen in Führungspositionen ist daher ein wichtiger *„frauenpolitischer Meilenstein"* auf dem Weg zu mehr Gleichberechtigung zwischen Frauen und Männern.[168]

---

[166]*Bothfeld/ Rouault*, WSI 01/2015, 25 (33).
[167]*Ebd.*
[168]*Bundesregierung*, PM v. 06.01.2021.

B.   Aufgabe 2

I.   Traditionelle   Rollenbilder   und   geschlechtsspezifische Sozialisation

Bis zum Inkrafttreten der Eherechtsreform am 01.07.1977 galt das gesetzliche und gesellschaftliche Leitbild der Hausfrauenehe.[169] § 1356 BGB[170] gab in seiner damaligen Fassung einer Frau das Recht, erwerbstätig zu sein, soweit dies mit ihren ehelichen und familiären Verpflichtungen vereinbar war. Dies war grundsätzlich auch ohne Genehmigung des Ehemannes möglich.[171] Ihrer Erwerbstätigkeit waren jedoch insoweit Grenzen gesetzt, als ihre ehelichen und familiären Pflichten darunter keinesfalls leiden durften.[172] Da Ehe und Familie für die Frau an erster Stelle zu stehen hatten, wurde eine Vollzeittätigkeit außerhalb des eigenen Hausstandes für kaum vereinbar mit der Familienarbeit gehalten und war auch nicht gewünscht.[173]

Seit 1977 überlässt § 1356 BGB[174] die Aufteilung von Haushalts- und Erwerbstätigkeit den Ehegatten in gegenseitigem Einvernehmen. Ist die Haushaltsführung einem der Ehegatten (meist der Frau) überlassen, leitet dieser den Haushalt in eigener Verantwortung. Ein gesetzliches Leitbild schreibt die Neufassung der Regelung bewusst nicht mehr vor.[175]

Ob sich die Norm in der Realität ebenso gleichstellungsfreundlich auswirkt, wie sie formuliert wurde, kann bezweifelt werden.[176] Denn deutsche Frauen verrichten mit 71 Prozent immer noch den Großteil der Hausarbeit, während sich nur 29 Prozent der Männer regelmäßig im Haushalt betätigen.[177] Für berufstätige Frauen mit Familie führen Haushalts- und Familienorganisation sowie Kindererziehung unweigerlich

---

[169]*Schultz*, Landesweite Aktionswochen 2003, 256 (256).
[170]*BGBl.* I 1957, 609.
[171]*Vgl. Schultz*, Landesweite Aktionswochen 2003, 256 (256 f.).
[172]*Ebd.*, 256 (257).
[173]*Ebd.*
[174]*BGBl.* I 1976, 1421.
[175]*Schultz*, Landesweite Aktionswochen 2003, 256 (256).
[176]*Ebd.*
[177]*Nier*, statista online, v. 08.03.2019.

zu einer Doppelbelastung. Aus diesem Grund verzichten viele Frauen oft ganz auf eine Karriere.[178]

Diese Frauen tauchen dann gänzlich in die Rolle der liebenden Mutter und Ehefrau, der fleißigen Hausfrau, der fürsorglichen Erzieherin und der uneigennützigen Pflegerin ein und verstärken damit Geschlechterstereotypen und traditionelle Rollenbilder. Dieses Leitbild der von Natur aus sanften und selbstlosen Frau, die - mit diesen Attributen ausgestattet - geradezu prädestiniert ist, sich um Kinder, Haushalt und pflegebedürftige Angehörige zu kümmern, transportiert Vorstellungen, wie weibliche Existenz und Mutterschaft zu leben und zu gestalten sind.

Ehrgeizige Frauen, die den Spagat zwischen Familie und Beruf wagen oder sich ganz gegen eine Familie entscheiden, um ihre Karriereziele zu verfolgen, ernten dafür häufig Kritik.[179] Indem sich frau ihrer vermeintlich von der Natur auferlegten Bestimmung „widersetzt", gilt sie nicht selten als selbstsüchtig und dominant.

Hat sie einen Mann, heißt es, warum muss sie denn arbeiten?[180] Hat sie keinen, hat sie wegen ihres egoistischen und aufmüpfigen Charakters keinen „abbekommen".[181] Hat sie Kinder, ist sie eine Rabenmutter.[182]

Die Auseinandersetzung mit Rollenkonflikten und das Rechtfertigenmüssen des eigenen Lebensentwurfs vor konträren gesellschaftlichen Rollenerwartungen, sind Herausforderungen, mit denen jede Frau, die ihren Karrierewunsch verwirklichen möchte, irgendwann konfrontiert wird.[183]

Gefangen in diesen gesellschaftlichen Rollenzwängen, sehen sich Frauen oft daran gehindert, ihre beruflichen Wünsche und Möglichkeiten voll auszuschöpfen.[184]

---

[178]*Schultz*, Landesweite Aktionswochen 2003, 256 (256).
[179]*Emde*, B+P 2020, 591 (591).
[180]*Löhr*, Landesweite Aktionswochen 2005, 81 (84).
[181]*Ebd.*
[182]*Ebd.*
[183]*Ebd.*
[184]*Emde*, B+P 2020, 591 (591).

In diesem Zusammenhang ist der Begriff der geschlechtsspezifischen Sozialisation zu erläutern, der in den 1970er Jahren zunehmend an Bedeutung gewann.[185]

Unter Sozialisation wird zunächst der Vorgang der Vergesellschaftung des Individuums verstanden, also der Einfluss des sozialen Umfeldes auf die Entwicklung eines Menschen und dessen Anpassung an tradierte Verhaltensnormen. [186]

Wurde Sozialisation anfangs auf das Jugendalter begrenzt, wird sie heute als lebenslanger Prozess begriffen, der sich in drei Phasen vollzieht.[187]

Bereits im Kleinkindesalter beginnt die primäre Sozialisation, in der grundlegende Verhaltensregeln erlernt werden. In dieser Phase bildet sich die eigene Persönlichkeit heraus. Die sekundäre Phase, in der die Kinder bereits die Schule besuchen, vermittelt Normen, Werte und Fähigkeiten, die der Integration in die Gesellschaft dienen. In der tertiären Phase geht es um die Auseinandersetzung mit beruflichen und gesellschaftlichen Herausforderungen, das Hineinwachsen in die Gesellschaft und die eigene Lebensgestaltung.[188]

Mit dem Konzept der geschlechtsspezifischen Sozialisation wurde Geschlecht nicht mehr nur als *Natursache* verstanden, die bestenfalls noch pädagogisch gestaltet und optimiert werden konnte.[189] Vielmehr fasste man Geschlecht als *soziale Tatsache* auf.[190] In den Fokus rückte damit der Gedanke, dass soziale Rollen und vergeschlechtlichte Identitäten aufgrund gesellschaftlicher Strukturen entstehen.[191]

Die Vermittlung tradierter, gesellschaftlicher Rollen erfolgt in erster Linie durch Instanzen wie das Elternhaus, die Schule, den Freundeskreis, etc.[192] Unser Rollenverständnis hat also weniger biologische Dimensionen, sondern wird überwiegend dadurch geprägt, was uns in frühester

---

[185]*Dausien/Walgenbach*, Geschlecht-Sozialisation-Transformationen, S. 19.
[186]*Stangl,* Sozialisation, Lexikon für Psychologie und Pädagogik, 2021.
[187]*Ebd.*
[188]*Ebd.*
[189]*Dausien/Walgenbach*, Geschlecht-Sozialisation-Transformationen, S. 21.
[190]*Ebd.*
[191]*Ebd.*
[192]*Stangl,* Sozialisation, Lexikon für Psychologie und Pädagogik, 2021.

Kindheit und Jugend von unserem sozialen Umfeld vorgelebt wird. Die Rollenverteilung die wir tagtäglich erleben, ist die, die für uns und damit für die ganze Gesellschaft zur Normalität wird.

All das, was von dieser Norm abweicht, mutet befremdlich und seltsam an. Und Andersartigkeit bietet seit jeher eine große Angriffsfläche für Kritik.

II.   Durchbrechung geschlechtsspezifischer Sozialisationsprozesse

Tief in einer Gesellschaft verankerte Rollenbilder und Geschlechterstereotypen lassen sich nur langsam verändern.[193]

Auch wenn die Notwendigkeit eines Einstellungswandels inzwischen erkannt wurde, ist dieser in der gesellschaftlichen Wirklichkeit noch nicht vollständig angekommen.[194]

Wünschenswert wäre ein vollständiger Bruch mit überkommenen, traditionellen Rollenverständnissen, sodass jedem Menschen die Möglichkeit offensteht, sein Leben - mit oder ohne Familie - individuell und losgelöst von gesellschaftlichen Konventionen und Erwartungen zu gestalten. Hierfür müssen klischeehafte Vorstellungen über die typische Rollenverteilung zwischen Frau und Mann abgebaut und geschlechtsspezifische Sozialisationsprozesse durchbrochen werden.

Das geschlechterspezifische Lohngefälle, der sog. Gender Pay Gap, ist ein Aspekt, der Frauen und Männer schon aus wirtschaftlichen Gründen in die ihnen angedachten Rollen zwängt. Denn Frauen verdienen bei gleicher Erwerbstätigkeit - auch heute - immer noch weniger als Männer. Im Jahr 2020 wurden sie im Schnitt mit 18% weniger pro Stunde entlohnt als Männer.[195] Angesichts eines solchen Lohnunterschieds ist es nachvollziehbar und aus finanzieller Sicht auch sinnvoll, dass der Mann als der meist besserverdienende Ehepartner einer Erwerbstätigkeit und die Frau einer Teilzeittätigkeit nachgeht oder ganz zu Hause bleibt. Das

---

[193]*Emde*, B+P 2020, 591 (591).
[194]*Ebd.*
[195]*Statistisches Bundesamt*, Destatis, 2021.

Ideal des Mannes als Familienernährer und der Frau als Mutter und Haushälterin ist damit bestens erfüllt. Ein Entkommen aus diesen Rollen ist kaum möglich.

Der Gender Pay Gap hat Auswirkungen auf die gesamte Lebensgestaltung einer Familie. Er gibt die „logische" Aufteilung von Arbeit und Alltag bereits vor, verstärkt durch gesellschaftliche Normen.

Fehlende Teilzeitangebote und mangelnde Betreuungsmöglichkeiten für Kinder an Schulen und Kitas, sorgen zusätzlich dafür, dass frau zu Hause bleibt und ihren Rollenverpflichtungen nachkommt.[196]

Zur Durchbrechung dieser Rollenverteilung ist eine Schließung des Gender Pay Gap unumgänglich.

Gleiche Lohnverhältnisse würden zu einer Neuausrichtung gefestigter Rollenzuschreibungen führen. Die Entscheidung zu einem bestimmten Familien- und Erwerbsmodell wäre dann keine finanzielle mehr, sondern eine persönliche. Die Arbeitsverteilung innerhalb der Familie könnte individuell und frei gestaltet werden. Dadurch würden neue Rollenbilder entstehen und sich nach und nach verfestigen. Die Frau als Familienernährerin und der Mann als Vollzeitvater und Haushälter oder zwei teilzeitarbeitende Ehegatten würden dann zur Normalität.

Ein Ausbau des Betreuungsangebots an Kitas und Schulen, um arbeitswillige Mütter zu entlasten und ihnen so die Aufnahme einer Erwerbstätigkeit zu ermöglichen, wäre ein weiterer Schritt, Frauen aus ihrer Hausfrauenrolle zu befreien.

Um berufstätige Mütter in Ihrer Work- Life- Balance zu unterstützen, sind aber auch Unternehmen gefragt.[197] Flexiblere Arbeitszeitmodelle, nicht nur in den unteren Positionen, sondern auch in den Führungsriegen, würden Frauen eine bessere Vereinbarung von Karrierezielen und Familienglück ermöglichen.[198] So könnten z.B. befristete Teilzeitmodelle geschaffen werden, nach deren Ablauf eine Rückkehr in die

---

[196]*Emde*, B+P 2020, 591 (591).
[197]*Ebd.*, 591 (592 f.).
[198]*Ebd.*, 591 (593).

Vollzeittätigkeit sichergestellt wird.[199] Überdies sollten die Möglichkeiten zur Telearbeit oder zum Homeoffice auch nach Corona bestehen bleiben.[200]

Durch die Besetzung hochdotierter Stellen mit Frauen, die neben beruflichen auch familiäre Verpflichtungen zu erfüllen haben, könnten auch Männer ermuntert werden, Modelle in Anspruch nehmen, die eine bessere Work- Life- Balance versprechen, ohne sich um Karriereeinschränkungen sorgen zu müssen.[201] Dies würde eine partnerschaftliche Aufteilung von Familien- und Berufsleben ermöglichen.[202]

Aber auch Frauen selbst sind gefragt. Vor allem solche, die sich bereits in einer Führungsposition befinden.[203] Sie müssen sich ihrer Vorbildfunktion bewusst werden und ihren Einfluss und ihre Sichtbarkeit dafür nutzen, das Modell qualifizierter Erwerbstätigkeit zu einem Selbstverständnis im weiblichen Lebensentwurf werden zu lassen.[204]

Je normaler das Bild einer arbeitenden Mutter oder eines Vollzeitvaters wird, desto mehr verfestigt sich dieses in unserer Gesellschaft und wird zur Norm.

Letzten Endes kann eine Veränderung von Traditionen und Werten, die über Jahrhunderte Bestand hatten, zugunsten einer neuen Realität, nur durch ein generelles Umdenken in unserer Gesellschaft erfolgen. Und dies kann nur geschehen, wenn geschlechtsspezifische Sozialisationsprozesse durchbrochen werden.

---

[199]*Ebd.*
[200]*Ebd.*
[201]*BMFSFJ*, Referentenentwurf v. 16.01.2020, S. 68.
[202]*Ebd.*
[203]*Löhr*, Landesweite Aktionswochen 2005, 81 (86).
[204]*Ebd.*

C. Literaturverzeichnis

Baer, Susanne: Von „Gleichheit" über „Gleichstellung" zu „Gender Mainstreaming"– Grundbegriffe der Geschlechterpolitik, in: Landesweite Aktionswochen 2003: Frauen und Recht, Ministerium für Gesundheit, Frauen und Familie des Landes Nordrhein- Westfalen, August 2003, S. 23 - 26, https://www.fernuni-hagen.de/rechtundgender/downloads/frauenundrecht.pdf (zuletzt aufgerufen am 17.02.2021).

Baer, Susanne: Chancen und Risiken Positiver Maßnahmen: Grundprobleme des Antidiskriminierungsrechts, in: Heinrich-Böll-Stiftung (Hrsg.), Positive Maßnahmen – Von Antidiskriminierung zu Diversity, 2010, S. 11 – 20.

Berghahn, Sabine: Frauen im Recht der Erwerbstätigkeit, in: Landesweite Aktionswochen 2003: Frauen und Recht, Ministerium für Gesundheit, Frauen und Familie des Landes Nordrhein- Westfalen, August 2003, S. 151- 206, https://www.fernuni-hagen.de/rechtundgender/downloads/frauenundrecht.pdf (zuletzt aufgerufen am 17.02.2021).

Berghahn, Sabine: Vereint im Kampf für die Frauenquote in Aufsichtsräten? – Eine kommentierende Betrachtung, in: gender- politik-online, Januar 2012, S. 1- 15, https://www.fu-berlin.de/sites/gpo/Aktuelles/berghahnquote.pdf (zuletzt aufgerufen am 17.02.2021).

Bothfeld, Silke/ Rouault, Sophie: Was macht eine effiziente Gleichstellungspolitik aus? Das Instrument Frauenquote im internationalen Vergleich, in: WSI Mitteilungen 01/ 2015, S. 25- 34, https://www.nomos-elibrary.de/10.5771/0342-300X-2015-1-25/was-macht-eine-effiziente-gleichstellungspolitik-aus-das-instrument-frauenquote-im-internationalen-vergleich-jahrgang-68-2015-heft-1 (zuletzt aufgerufen am 03.03.2021).

Bundesministerium der Justiz und für Verbraucherschutz (BMJV): Evaluation zum FüPoG belegt: Die feste Quote wirkt, freiwillige Maßnahmen hingegen nicht, Pressemitteilung vom 18.11.2020, https://www.bmjv.de/SharedDocs/Pressemitteilungen/DE/2020/111820_FuePog.html (zuletzt aufgerufen am 18.03.2021).

Bundesministerium für Familie, Senioren, Frauen und Jugend und Bundesministerium der Justiz und für Verbraucherschutz (BMFSFJ): Entwurf eines Gesetzes zur Ergänzung und Änderung der Regelungen für die gleichberechtigte Teilhabe von Frauen an Führungspositionen in der Privatwirtschaft und im öffentlichen Dienst (Zweites Führungspositionen-Gesetz – FüPoG II) v. 16.01.2020, https://www.baymevbm.de/Redaktion/Frei-zugaengliche-Medien/Abteilungen-GS/Sozialpolitik/2020/Downloads/a2-referentenentwurf-fu-pog-3.pdf (zuletzt aufgerufen am 10.03.2021).

Bundesministerium für Familie, Senioren, Frauen und Jugend und Bundesministerium der Justiz und für Verbraucherschutz (BMFSFJ): Entwurf: Gesetz zur Ergänzung und Änderung der Regelungen für die gleichberechtigte Teilhabe von Frauen an Führungspositionen in der Privatwirtschaft und im öffentlichen Dienst (Zweites Führungspositionen-Gesetz – FüPoG II) v. 05.03.2021, https://www.bmfsfj.de/bmfsfj/service/gesetze/zweites-fuehrungspositionengesetz-fuepog-2-164226 (zuletzt aufgerufen am 03.03.2021).

Bundesregierung: Zweites Führungspositionen- Gesetz: Mehr Frauen in Vorständen, Pressemitteilung (PM) vom 06.01.2021, https://www.bundesregierung.de/breg-de/aktuelles/mehr-frauen-in-vorstaende-1834446 (zuletzt aufgerufen am 03.03.2021).

Dausien, Bettina/ Walgenbach, Katharina: Sozialisation von Geschlecht – Skizzen zu einem wissenschaftlichen Diskurs und Plädoyer für die Revitalisierung einer gesellschaftsanalytischen Perspektive, in: Dausien, Bettina (Hrsg.)/ Thon, Christine (Hrsg.)/ Walgenbach, Katharina (Hrsg.): Geschlecht – Sozialisation – Transformationen. Opladen, Berlin/ Toronto, 2015, S. 17 – 50, https://www.budrich-journals.de/index.php/fgfe/article/viewFile/21023/18353 (aufgerufen am 26.03.2021).

Deutscher Bundestag (BT-Drs.): Gesetzentwurf der Bundesregierung: Entwurf eines Gesetzes für die gleichberechtigte Teilhabe von Frauen und Männern an Führungspositionen in der Privatwirtschaft und im öffentlichen Dienst, in: Drucksache 18/3784, 20.01.2015, http://dip21.bundestag.de/dip21/btd/18/037/1803784.pdf (zuletzt aufgerufen am 10.03.2021).

Emde, Johanna: Frauen in Führungspositionen – nein, danke?, in: B+P 2020, S. 591- 593.

Funken, Christiane: Glass Ceiling–Fakt oder Fiktion?, in: TU Berlin Institut für Soziologie, Redebeitrag zur Prädikatsvergabe von TOTAL E-QUALITY Deutschland e.V. vom 02.06.2005, S. 1- 7, https://web.archive.org/web/20071009023841/http://www.total-e-quality.de/teq/files/182/de/DGLEB_050531_Redebeitrag_Funken.pdf (zuletzt aufgerufen am 18.03.2021).

Habersack, Mathias/ Kersten, Jens: Chancengleiche Teilhabe an Führungspositionen in der Privatwirtschaft – Gesellschaftsrechtliche Dimensionen und verfassungsrechtliche Anforderungen, in: BB 2014, S. 2819- 2830.

Kirsch, Anja/ Wrohlich, Katharina: Mehr Frauen in Aufsichtsräten: Hinweise für Strahlkraft der Geschlechterquote auf Vorstände verdichten sich, in: DIW Wochenbericht Nr. 4/ 2020, S. 50- 55, https://www.diw.de/documents/publikationen/73/diw_01.c.703380.de/20-4-3.pdf (zuletzt aufgerufen am 03.03.2021).

Köhler, Yannic/ Manegold, Eva/ Königshofen, Max/ Plekat, Sara-Marie: Wie geht eine gerechte Rente für Frauen? In: detektor.fm, https://detektor.fm/gesellschaft/zurueck-zum-thema-altersarmut-bei-frauen (zuletzt aufgerufen am 10.03.2021).

Liebscher, Doris/ Tarek, Naguib / Plümecke, Tino / Remus, Juana: Wege aus der Essentialismusfalle: Überlegungen zu einem postkategorialen Antidiskriminierungsrecht, in: KJ 2012, S. 204- 218.

Löhr, Ulrike: Frauen als Führungskräfte in der Kommunalverwaltung, in: Landesweite Aktionswochen 25. Februar – 24. März 2005: Frauenbilder, Ministerium für Gesundheit, Frauen und Familie des Landes Nordrhein- Westfalen 2005 S. 81- 86, https://www.dji.de/fileadmin/user_upload/bibs/224_frauenbilder-reader.pdf (zuletzt aufgerufen am 18.03.2021).

Matthiessen- Kreuder, Ursula: Als Frau in einer Männerkultur, in: Landesweite Aktionswochen 25. Februar – 24. März 2005: Frauenbilder, Ministerium für Gesundheit, Frauen und Familie des Landes Nordrhein- Westfalen 2005 S. 89- 90, https://www.dji.de/fileadmin/user_upload/bibs/224_frauenbilder-reader.pdf (zuletzt aufgerufen am 18.03.2021).

Nier, Hedda: So ungleich ist Hausarbeit verteilt, in: statista online, 08.03.2019, https://de.statista.com/infografik/15857/verteilung-von-hausarbeit-bei-maennern-und-frauen/ (zuletzt aufgerufen am 27.03.2021).

Papier, Hans- Jürgen/ Heidebach, Martin: Die Einführung einer gesetzlichen Frauenquote für die Aufsichtsräte deutscher Unternehmen unter verfassungsrechtlichen Aspekten, in: ZGR 2011, S. 305 -333.

Papier, Hans- Jürgen/ Heidebach, Martin: Rechtsgutachten zur Frage der Zulässigkeit von Zielquoten für Frauen in Führungspositionen im öffentlichen Dienst sowie zur Verankerung von Sanktionen bei Nichteinhaltung, 2014, http://www.gleichstellungsbeauftragte-rlp.de/wp-content/uploads/2014/08/Gutachten_Zielquoten.pdf (zuletzt aufgerufen am 14.02.2021).

Redenius-Hövermann, Julia: Zur Frauenquote im Aufsichtsrat, in: ZIP 2010, S. 660 - 666.

Schultz, Ulrike: Haushaltsführung und Erwerbstätigkeit während der Ehe, in: Landesweite Aktionswochen 2003: Frauen und Recht, Ministerium für Gesundheit, Frauen und Familie des Landes Nordrhein- Westfalen, 2003, S. 256 - 260, https://www.fernuni-hagen.de/rechtundgender/downloads/frauenundrecht.pdf (zuletzt aufgerufen am 27.03.2021).

Stangl, Werner: Sozialisation, in: Lexikon für Psychologie und Pädagogik, 2021, https://lexikon.stangl.eu/60/sozialisation-sozialisierung (zuletzt aufgerufen am 26.03.2021).

Statistisches Bundesamt: Gender Pay Gap, in: Destatis, 2021, https://www.destatis.de/DE/Themen/Arbeit/Arbeitsmarkt/Qualitaet-Arbeit/Dimension-1/gender-pay-gap.html (zuletzt aufgerufen am 28.03.2021).

Stawski, Karin/ Stendel, Sarah/ Bömelburg, Helen: „Ich bin eine Quotenfrau" - Wider das Stigma: 40 machtvolle Frauen brechen im stern mit einem Tabu, in: stern, 25.11.2020, https://www.stern.de/politik/quotenfrauen/quotenfrau--40-machtvolle-frauen-positionieren-sich-im-stern-gegen-das-stigma-9502364.html (zuletzt aufgerufen am 03.03.2021).